Inédit

Inédit

Richard AMALRIC

© 2022, Richard Amalric.
Édition : BoD – Books on Demand,
12/14 rond-point des Champs-Élysées, 75008 Paris
Impression : BoD - Books on Demand, Norderstedt, Allemagne
ISBN : 9782322412389
Dépôt légal : Février 2022

Inédit …

Premier pas dans l'invitation d'un voyage disons hors du commun. J'ai comme l'impression de vous prendre cher lecteur par ma main sur le début d'une vie qui ne peut être que la mienne !

Et c'est bien sûr que nous sommes tous complètement Uniques, pas de clonage, pas de comparaisons, je pense que je vais vous donner une autre manière de penser…

Pour une mise en bouche, je vous propose une entrée en matière propre. Depuis ma petite enfance mon cerveau envoie des particules disons extra sensorielles, leurs lectures troublent ma vision, retirent le sang de mon cerveau, j'ai presque envie de vomir, de me sentir tout blanc des téguments de ma peau, je suis en train de perdre connaissance. Il faut vite m'asseoir, m'allonger, je suis dans un état second, je commence déjà à me décorporer, et je me regarde. Je dois avoir environ huit ans.

Mon entourage familial et :

Il est en train de faire un malaise…

Et cela s'arrête là.

Cette sensation ne me quitte pas, elle suit mon chemin de vie, elle fait partie de tout mon corps, j'ai deux solutions :

1 je l'ignore

2 je l'écoute.

C'est la deux qui est parlante, Dans mon état primitif on a bouleversé mon cerveau, voir contrarié, en modifiant sa phase initiale, (je suis gauche !)

Je rentre en contact et tente de lui expliquer, il me faudra un temps bien plus long que je ne l'aurai pensé, donc je commence sa restructurions, les méandres de ce dernier montrent leur complexité, leur puissance, et comme si nous avions un dialogue :

Pourquoi on essaye de me changer ? Je suis bien conçu dès ma fabrique ?

Je sais, moi aussi cela ne me plaît pas, ce sont les Autres qui me commandent !

Et si on essayait de les contrer ?

J'y ai bien pensé, et ça ne suffit pas. Je vais te dire que leur puissance dépasse l'entendement, cela s'appelle la religion qui dit :

Ici on n'écrit pas avec la main du diable !

Mais je ne suis pas le Diable, je suis simplement moi !

Mon cerveau ne peut comprendre, il me fait la tête et je fais tout mon possible pour le temporiser. Graine par graine je construis, j'éduque, je prends en charge, là mes ennuis ne font que commencer, je suis quelqu'un d'autre, je ne suis pas pareil, là le bât blesse car sur tous les êtres humains il n'y a pas de comparaisons possibles : NOUS SOMMES UNIQUES !

Je m'évade, je quitte ce monde environnemental, il m'énerve et je fais tout pour montrer une autre manière de perception. Je suis.

Mes troubles cognitifs frappent de plus en plus à l'entrée de mon cerveau, il me sollicite, il m'appelle, il me dit qu'il a sa place, qu'il aimerait bien que j'en tienne compte, je peux en faire ce que je veux avec son aide !

Il a fallu du temps mais je le comprends.

Mon corps change, il grandit bouleverse mon corps physique, cette découverte est parlante, je deviens un homme, Il (cerveau) me sollicite pour que je joue avec Lui...

Tu verras ce sera agréable, allez lâche toi, joue !

Mon sexe joue avec ce nouveau toucher. Finalement la masturbation a un effet libératoire, et j'aime bien ça.

Je.

Un historien me demande un service.

Tu peux nous aider avec le don que tu as, et il n'est pas le seul à avoir en ta possession, nous avons besoin d'un canal, et tu ES CANAL...

Mais

J'ai déjà lu dans ton intérieur et je sais déjà bien des informations sur tes capacités, Richard nous avons besoin de toi.

(Silence...) Pourquoi moi ?

Ta vie ne fait que commencer, et en mettant tes atouts en action tu vas vite comprendre, je te promets des éléments extraordinaires. Nous allons partir demain avec un grand ami qui lui aussi est historien, nous allons marcher dans la montagne, arriver dans les ruines d'un ancien château

Ce jour, le jour où, est resté gravé, la nuit du temps a tout enregistré, quelle fidélité !

Je vous raconte. Les murs restants savent nous parler et moi les entendre, je ressens une force intérieure rentrer dans le plus profond de mes viscères, elles me parlent, me communiquent, me font sentir tout ce qui a été vécu.

Comme par magie, une petite table ronde en bois, trois chaises pliantes une fois dépliées nous offrent leur siège, je suis impressionné.

La chaleur froide des pierres, le poids du ciel habillé de milliards d'étoiles, tout le décor est posé.

Richard, maintenant nous allons être en communication avec un ancien Roi, il a vécu au XIIIème siècle, pour nous donner les informations qui nous manquent. Tu seras notre canal.

Ça veut dire quoi ?

Nous allons te mettre dans un état différent, tu ne seras plus en connexion avec nous, mais avec lui. Tu te laisseras Porter, et nous te guiderons.

Cela s'appelle être en transe, être en dehors de son corps, être avec ce Roi, et entamer un dialogue de folie, tous les mots sortant de ma bouche seront écrits avec une certaine fébrilité, les gouttes de transpiration ruissellent, le temps n'a plus son importance, il est notre allié.

Le point final. Le retour à la vie sur terre. La sensibilisation retrouve sa place. Je reviens, je suis là.

Que s'est-il passé ?

Tu as été énorme, impressionnant, nous t'avons fait poser toutes les questions manquantes, et nous avons eu de « Ta bouche » Tu savais parler Espagnol ?

Non.

Et bien maintenant tu sais. Tu as répondu à toutes les questions en espagnol ! tu as un don de médiumnité au point, et quand tu en auras besoin saches bien que tu peux.

Phase 2

Images, position, changement, je pars dans une nouvelle amplitude, je suis bien là et pourtant je n'y suis pas. Mais que se passe-t-il ? Les bruits, les chocs, le trou, le néant et je me vois.

Je ne connais pas cet endroit, j'entends bien des voix, je suis allongé dans un lit, je suis allongé, les yeux fermés, je suis recouvert d'un drap blanc, tout est blanc, une chaleur ouatée rempli tous les espaces, des petits bruits sortent de toutes parts, je regarde ces machines qui n'arrêtent pas de changer de couleur en fonctions de leurs musiques, de chiffres annonciateurs de changements.

Je me rapproche de mon lit, je regarde tous ces chiffres, ces bipbips qui n'arrêtent pas de danser la farandole, et je me vois je suis là, j'ai comme l'impression d'être au repos, bref je dors.

Je suis sous surveillance, elle est constante, elle n'arrête pas, il y a toujours une personne qui vient qui me touche, qui regarde mes constantes, j'ai l'impression d'être surveillé comme le lait sur le feu, ça doit être important, mon corps ne parle pas il est plongé dans une forme d'hypnose.

Rassurant ou pas ?

Je vais voir les autres, ils sont dans le même état, personne ne bouge, ne parle, ils sont comme en mort apparente, et pourtant... Les machines où ils sont branchés parlent, montrent bien que La Vie est bien présente, donc personne n'est mort !

J'ai parlé trop tôt une machine panique, tout bouge les sons sortent la peur aux trousses, tout ce petit monde part de tous les côtés, le drap est retiré, les mains travaillent pour faire revenir la personne, les massages cardiaques sont de plus en plus profonds, lourds, les injections trouent la peau avec frénésie, les yeux sont fixés sur les écrans.

Je vois un état pour la première fois, un corps sort du malade allongé, il se rapproche de moi et il me dit :

C'est fini, je suis vraiment mort.

C'est donc ça mourir ?

Toi tu as le temps, ce n'est pas pour Maintenant. Bonne vie à toi, elle sera longue, très longue…

Je me rapproche de mon corps, je le regarde je n'ai pas la sensation d'avoir mal, la question vient frapper à ma porte :

Qu'ai-je eu, ou fait ?

Comme si c'était une invitation, le retour en arrière me montre la scène !

Je suis en pleine ville, je dois avoir environ quinze ans et sur l'autre rive je vois un copain du collège et je lui fais signe de la main et en plus je m'entends l'appeler

Attends- moi j'arrive.

Un peu plus loin, un passage clouté un gendarme dans sa belle tenue, un sifflet dans sa bouche, barre et fait arrêter les voitures, les piétons traversent (en toute sécurité) et je me vois traverser, je suis le dernier à passer, ET….

Une voiture sortant de nulle part, vient m'envoyer dans les airs, loin, très loin, je me vois volant sur le dos loin de la rue, et plus loin une voiture décapotable la vitre levée, mon cou passe à quelques centimètres de cette vitre... Et plus rien ... Le trou, le néant, le rien.

Où suis-je ?

Je me vois.

Pourquoi moi ?

C'est une partie de ma vie, certainement un passage obligatoire, il faut apprendre à accepter et pourtant je suis si jeune, je ne peux pas, plus m'amuser avec mon corps, la patience, le temps.

L'autre Âme m'a dit que je vivrai vieux, je commence par un sacré départ, c'est comme ça.

Je lis sur la porte du service où mon corps est présent : « SERVICE DE REANIMATION ».

Ils me réaniment, et je ne bouge même pas le bout de mon nez, il ne fait que respirer avec tous les tuyaux branchés, j'ai comme l'impression que je suis un jouet vivant.

Le temps est long, je me promène dans le service, je vois et j'entends tout, pendant leurs transmissions surtout à mon égard, je prends conscience, mon état physique est préoccupant, comme je sais que je ne serai pas mort ici je prends confiance.

Tous les autres lits sont occupés même celui qui est parti si vite est déjà remplacé !

Je me remets dans mon cerveau et lui confiant une sorte de sérénité, il a compris.

Les lumières des boîtes à musiques bougent, les couleurs changent, en osmose avec les sonneries le personnel soignant vient et repart dans toutes les mesures du genre température corporelle, tensiomètre, regarde mes yeux en soulevant les paupières, touchent ma peau avec des objets pointus et notent mes réactions cutanées : C'est noté sur leur feuille.

Je reviens dans mon corps, être à son écoute, je m'endors avec lui.

Je ressens la vie sous ma peau, je ne peux toujours pas bouger, j'entends ma respiration grâce au respirateur artificiel (pendant ma promenade j'ai tout regardé) et compris ce à quoi ça sert.

La sortie, voilà la bonne attente, le but dans la liberté ! Je fonce dans mon cerveau

Tu attends quoi pour me faire sortir de là ?

Encore un peu de temps, apprend à le prendre.

Je n'ai pas que ça à faire.

Tu m'embêtes si tu continuse je vais me reposer moi aussi, comme ça tu vas apprendre, et ce sera de plus en plus long !

Excuse-moi, j'ai toute ma confiance en toi...

Le silence revient en roi, tous mes appareils continuent leurs concerts en parfaite harmonie. J'attends.

Je me focalise malgré tout à vouloir faire bouger soit un pied ou une main, exprimer mon système de locomotion. PATIENCE.

Essayez de vous mettre à ma place, ce n'est possible que dans le cas d'un accident comme ils disent en terme médical : « A.V.P. » (Accident de la Voie Publique).

Et dans le calme de la nuit, une sorte de zénitude, une partie de ma main me sollicite. Je tente, elle reprend ses esprits, un doigt l'Index tente un mouvement, juste où l'infirmière prend ma main pour faire un massage ! Elle voit ce doigt bouger tout seul (le note sur sa fiche !) Et ça continue toute la main gauche bouge tranquillement, sereinement avec un plaisir bien partagé !

Environ entre une heure et deux heures nos corps sont regardés, étudiés et dans le mien les mains ont repris le chemin du mouvement ! Elles bougent, dans le prolongement les bras continuent, ce n'est que le début du commencement, la liberté frappe à la bonne porte !!! MERCI.

Mon corps me parle, et je l'écoute, là je ne me sens pas seul du tout, je vous explique : une lumière aveuglante, d'une force inouïe illumine mon cerveau, elle a la forme d'un tunnel très profond, il est sans fond, il ne se termine jamais, c'est un véritable aspirateur.

Je vois des personnes bien physiques, ils sont eux aussi habillés de Lumière, j'ai l'image de personnes vivantes et pourtant ils sont dans un autre monde, leur présence est là.

Viens avec nous, tu as fini ton travail sur terre, VIENS.

NON, je viens juste d'arriver, j'ai un grand travail à faire.

VIENS.

NON ce n'est pas le MOMENT. Pas maintenant.

Et la Lumière part comme elle est arrivée, je me retrouve dans ce lit de la réanimation, le personnel est omniprésent, il doit se passer quelque chose, tous les indicateurs forment comme une explosion.

Je sens mon corps, il se réchauffe, tout mon corps biologique reprend le contact, tout me brûle, tout me fait vibrer, je suis comme dans une autre vie, je me remets au-dessus de mon corps, je le regarde, et je vois quelqu'un, j'ai du mal à le reconnaître, non ce n'est pas moi… ! Je me remets à sa place je regarde et pourtant je ne vois que des similitudes sur mon corps.

Je suis comme perdu, je ne sais plus, d'où je viens ? Qui m'a parlé ? Ils étaient nombreux !

Entre la vie et la mort Où est ma place ? Qui suis-je ?

Il y a trop de point d'interrogations, je remonte en haut, je recherche mon guide celui que j'appelle Le Grand et je lui demande :

Que se passe-t-il sur terre ?

C'est ton chemin de vie, ils appellent cela un Passage Obligatoire. Tu vas très bientôt revenir. Laisse- toi porter maintenant. Allez Va.

Et je redescends, au bon endroit, tout le monde bouge dans tous les sens, les bipbips jouent la farandole, la couleur de mon visage change, et encore mon corps me brûle, et je suis bien dedans, je n'entends encore rien, je ne fais que sentir.

Le toucher de toutes ces mains arrive droit dans mon cerveau, donc je sens. C'est plutôt agréable, voire invasif en quelque sorte, je me laisse porter, en parcimonie je commence à revivre !

En réalité je cherche à comprendre les pourquoi ?

De très loin des bruits arrivent, ils sont inaudibles mais présents, ils essayent de se clarifier, et comme tout commence par un début, ils se rapprochent, ils arrivent, et enfin ... J'entends.

Certes dans un brouhaha, mais j'entends ce verbe m'obnubile, mais que disent-ils ? ils ne parlent pas la bonne langue, tous ces sons sont en désordre, il faut qu'ils se calment. J'enferme mes yeux qui ne sont pas encore ouverts je remets tout dans mon intérieur et comme si je faisais la gueule je rentre volontiers dans le déni.

Le temps n'a plus la même notion, le moindre intérêt, il faut lui foutre la paix et c'est bien ce que je fais avec un immense plaisir.

Tout continue, on me touche, on me stimule, on me parle mais je ne comprends toujours rien, on pourrait penser que je fais semblant et pourtant ce n'est pas un jeu amusant, tiens je n'y ai pas du tout pensé ! Voyons si je peux essayer ?

 Mon cerveau me dit ce n'est pas ton jeu.

Pourquoi ?

Tu ne changeras donc jamais ? Tu reviens de loin, tu ne t'en souviens donc pas ?

NON... NON... j'ai donc perdu la mémoire ?

Pas le moins du monde, elle est juste un peu effacée, mais j'ai tout enregistré, ne te fais pas de souci. Repose- toi maintenant je veille toujours sur toi. Allez va.

Je comprends au moins une chose, c'est que je ne suis pas Mort, c'est assez réconfortant d'une part mais pas de l'autre, je ne me souviens de rien.

Je ne cherche plus à savoir, je me laisse porter l'avenir me le dira bien.

Toutes ces phases sont interrogatives, au fur et à mesure que j'écris tous ces mots vous me faites revivre ce que j'ai vécu il y a si longtemps que je replonge pour votre connaissance du PASSAGE et je voudrais encore vous faire ressentir tout ce que le corps humain a de possible dans toutes ses dimensions. Ce n'est pas rien.

Je reviens vers moi, j'ai avancé, je commence (verbe important !) à retrouver le « qui je suis ? » C'est comme un plaisir oublié, toujours présent, heureusement, je sens mes jambes, mes bras en attente de pouvoir retrouver leur mobilité, de bouger quoi !

Maintenant je peux.

Je n'arrive toujours pas à ouvrir mes yeux... ça viendra bien assez tôt.

La chaleur rentre par tous les pores de ma peau. J'aime.

Petit à petit mes organes bougent, reprennent vie, je sens des gouzi gouza faisant une danse dans mon ventre.

Je bouge sans m'en rendre compte avec beaucoup plus d'amplitude. Et pourtant j'ai encore une place dans l'autre monde !

Le puzzle de ma vie commence à se compléter, il y a encore bien des pièces manquantes, tout se fera dans le Temps.

Et cette valse ne s'arrête pas, elle tourne dans tous les sens, elle est enivrante, plus ça tourne plus c'est amusant, elle prend de la vitesse, elle s'emballe comme un cheval au grand galop, le manège du Grand Huit est encore à l'école du savoir !

Je ne cherche pas, je subis, je suis, je ne suis qu'un élément parmi tant d'autres, ce qui est bien c'est que j'ai Ma Place.

Mes capteurs sont dans une course, celle de la grande vitesse, les starting blocks n'attendent que leur libération, c'est bien ce que mon corps me fait ressentir,

Il y en a encore pour longtemps ?

Effectivement aucune réponse, je me replonge le plus profond que je peux dans mon corps, je cherche ce petit point qui a sa place, il joue à cache-cache, comme si c'était le moment de jouer, je plonge dans les abysses, je regarde dans tous les sens, le moindre millimètre est exploité, analysé, répertorié, comparé, et je continue (ça me prend du temps) et c'est très bien comme cela.

Une porte s'ouvre, les sons, l'ouïe s'affine, comme si elle était omniprésente mais pas du tout audible ! Le bourdonnement s'amplifie, encore incohérent, il est simplement là.

Autour de mon lit ça bouge, ça cherche, ça fait bien des mouvements, et la qualité du son progresse.

Que j'aimerais voir, entendre, parler, en gros Vivre !

Attendre, encore et encore, c'est un véritable soupir généralisé dans tout mon être !

Depuis combien de temps suis-je dans cet état ? Je, un humain travaille avec cet outil le TEMPS. Et dans l'autre monde on n'en rien à faire, cette notion est inutile.

Je me rapproche de cette solution, de cette libération, mon corps est encore dans cette prison.

Libérez- moi s'il vous plait ? J'ai tant de choses à faire, vous connaissez le verbe bouger ? Faites maintenant.

J'ai l'impression de parler dans le vide, il est vrai que je ne parle pas avec ma bouche, uniquement dans ma pensée, il n'y a donc aucun télépathe dans ce quartier ? Ce serait une bonne solution !

Je t'ai bien entendu, et quand je suis parti à côté de toi, nous avons bien dialogué, mais personne ne pouvait nous entendre ! Je vais voir ce que je peux faire. On reste en communication.

Ouf, je ne suis pas seul ! Je te remercie de tout mon cœur. Il ne me reste plus qu'à attendre.

Dans la salle c'est comme en musique : « La Pause », je ressors de mon corps et je vois, ils sont tous en situation de compréhension, tous les appareils se sont calmés, la résolution, la fin de ce tourment est juste à côté de la porte de sortie !

Je replonge, je retrouve, je souris en intérieur, je suis maintenant prêt.

En un rien de temps, je suis VIVANT ! Tous mes sens me souhaitent la bienvenue, le premier mot qui est sortie de ma bouche est :

J'ai FAIM.

Applaudissement !

Je bouge dans mon lit, mes yeux pleurent de joie, Je Suis.

Les millions de questions fusant de tous côtés vont jouer avec cette patience, et :

Vous vous appelez comment ?

Silence.

Quel est votre prénom ?

Mon cerveau travaille du mieux qu'il peut, il faut faire sortir les mots attendus.

Est-ce que Richard est correct ?

Parfait, et votre nom, s'il vous plaît ?

Je ne me souviens pas. Et vous c'est comment votre nom ?

Effet de surprise ! Question pas la moindre attente !

Je suis Alice.

Le cerveau bouillonne de tous les côtés, il a si longtemps plongé dans le silence ! Lui aussi va fouiner, chercher, trouver les bonnes places de toutes ces informations demandées, attendues, par l'équipe soignante, les mots vont bientôt sortir de cette boite magique !

Avouez chers lecteurs que notre corps est plein de ressources, inépuisables, vis sans fin, un puits de connaissances.

Et :

Tout commence à me revenir, et avec cette joie retrouvée en si peu de temps j'ai pu répondre à toutes les questions.

Ce moment reste inoubliable dans ma mémoire !

Je simule un changement de position en faisant comprendre que je veux simplement me lever...

Non c'est trop tôt, il faut tout rétablir, équilibrer, nous serons là pour vous y conduire ! Vous avez compris ?

C'est promis, je vais essayer de le faire.

Serez-vous d'accord avec ce fond de ma pensée que le verbe Essayer ne veut rien dire je préfère le verbe Faire il est plus constructif !

En attendant, ils me font la toilette, de la tête aux pieds, je me laisse porter, je vois les sourires quand ils sont sur mon sexe (il est content !) et tout se passe.

C'est pour bientôt la position Debout ?

C'est pour bientôt.

Sans la moindre notion du Quand. Je fais bouger mes neurones,

Les copains préparez-vous à sortir, je vais avoir besoin de vous A très bientôt…

Le vrai réveil pointe le bout de son nez, je vais pouvoir bouger, marcher, refaire le point sur cette aventure.

J'ai à peine quinze ans, ma vie s'ouvre, je vais pouvoir ! Dans ce service de Réa tout le monde est content de me voir ainsi, le Grand Patron m'ausculte, vérifie les paramètres, mes sens, ma conscience sortant après ce long séjour.

Il parait satisfait. Mon Papa est présent, je l'entends discuter avec son collègue, ils semblent d'accord pour :

Je vais l'hospitaliser pendant une semaine, il faut que tout soit en place.

Mon Papa :

Je suis d'accord, venez on va lui expliquer.

Tous deux viennent vers moi avec le sourire sur leurs lèvres, (rassurant) et m'expliquent la suite de cet accident ayant laissé des traces, elles ont laissé des petits problèmes qu'il vaut mieux faire disparaître.

Vous comprenez Richard ?

Oui, j'aimerais bien savoir ce qui s'est passé ? Je n'ai que quelques images furtives…

On va en parler, dans le temps proche. Nous sommes là pour vous accompagner.

Mon cher confrère je vous laisse. Bonne journée à vous.

Nous nous trouvons tous deux dans cette chambre, Papa est silencieux, on se regarde, comme dans un autre monde la télépathie comble ce vide, je me sens rassuré, et en attente de savoir…

Je vais rentrer à la maison, et demain je reviens, là nous pourrons parler, je te dirais tout. Repose -toi bien et à demain.

A demain Papa.

J'ai comme l'impression d'être un ours qui tourne dans la cage de cette chambre !

Mais pourquoi je suis là ?

Mais que s'est-il passé ? Un peu dans un endroit bien précis du cerveau, il y a cela d'enregistré, comme une inscription dans mon disque dur interne, je suis un nouvel adolescent partant à la découverte de cette vie sur terre, cela ne paraît pas si simple !

Le simple fait de me poser toutes ces questions ne me donne pas les réponses convoitées c'est une chose ancrée dans ma vie !

Je mange, je dors, je vis, c'est une bonne chose.

J'attends l'arrivée de mon Papa pour élucider cette situation. Demain il fera jour et dans ma tête aussi !

Le moment arrive, je sens et ressens, j'entends les pas dans ce couloir, ils me sont connus, ce sont celles de mon Papa.

Il frappe à ma porte :

Entre.

Tu vas bien ?

Si tu savais comme je t'attendais …

Il rentre prend une chaise à côté de mon lit, je suis assis sur son bord et …

Que s'est-il passé ? Je suis perdu, je ne comprends pas ? Et pourquoi moi ?

Tu as eu un accident, une voiture t'a renversé, cela aurait pu être très grave.

C'était où ?

Rue de Metz. Un gendarme de la rue en tenue officielle faisait la circulation et sur un carrefour avec un passage piéton arrêtait les voitures pour faire passer les piétons. Tu étais le dernier à passer. Là une voiture t'a fauché et tu es parti sur plus de six mètres. Il y avait une voiture décapotable la vitre relevée et ta nuque est passée à quelques centimètre ! Tu aurais pu te tuer ...

Mais je ne le suis pas.

Tu as eu beaucoup de chance.

Je suis là !

Cette discussion si vous saviez comme je l'attendais.

Maintenant ils vont te faire quelques examens pour voir si tout va bien et en fonction des résultats tu pourras sortir. Comment te sens-tu ?

Comme un ours en cage. J'ai besoin de respirer, de bouger.

En attendant reste sage !

Les jours suivants j'ai été numéroté, électrocuté, photographié, enregistré, piqué de tout ce sang répertorié, avec le résultat finalisé :

Tout est NORMAL.

La sortie est imminente. Papa vient dans ma chambre et

Je vais faire ton dossier de sortie, tu m'attends et nous allons rentrer ensemble. Tu vas pouvoir marcher ?

Sans problème.

Une fois la porte de la chambre fermée, je rassemble mes quelques effets et un coup d'œil circulaire me montre que je n'ai rien oublié, je sors !

De l'hôpital jusqu'à la maison le trajet est long, très long. Je fais. Je bouge et tout et tout, j'arrive devant notre maison.

Mince je n'ai pas la clé !

J'attends, longtemps et du bout de la rue je vois Papa.

Je sais que je vais me faire attraper, ce n'est pas un problème, j'assume.

Et sans rien dire, il ouvre la porte, une fois à l'intérieur j'ai droit à mon savon...

Merci Papa.

Voilà ma première mort clinique avec les péripéties. Je suis content de vous l'avoir fait partager.

Les années ont passé, il y en avait beaucoup, en suivant ces pointillés j'arrive au chiffre dix-neuf ans, ma vie a évolué, mon métier de moniteur d'équitation est terminé, le virage dans ma vie est négocié en toute symbiose, je rentre comme Aide-Soignant dans le monde hospitalier.

Je suis Papa de deux enfants, des adorables filles, je suis heureux.

J'ai des journées bien chargées et j'assume.

Un matin debout depuis cinq heures je vaque à mes occupations diverses et variées, je prends ma voiture pour aller à l'hôpital. La matinée se déroule, et je vois mon médecin, je lui dis :

J'ai un peu mal au ventre !

Il regarde, ausculte sur le champ :

Tu as été opéré de l'appendicite ?

Non.

Ne mange pas, ne bois pas et va à la clinique en quittant ton service.

Trente bons kilomètres !

Arrivée sur place, l'urgentiste regarde, touche, là je monte au plafond !

Tu es à jeun ?

Oui.

On va faire une prise de sang, tu ne bouges pas.

Le retour …

On va t'opérer en urgence. On va te préparer et tout va bien se passer.

Et je n'avais pas la moindre douleur en amont, sauf aux urgences. L'opération a duré presque deux heures.

Retour dans ma chambre je ne savais plus où j'étais, ce qu'ils ont fait, et la Douleur montait au plafond.

Le soir le chirurgien vient me voir et :

Et tu n'avais pas mal ?

Ben non.

En simple, tu avais une péritonite purulente rétro écale ! On va te surveiller plus plus.

La fatigue, la douleur, mon ventre ne m'appartenait plus, je me sentais blanc comme les draps....

Le temps passe comme il peut, je dévore des livres (j'ai le temps !)

Je rentre à la maison, mon toubib vient me voir et dit :

Je vais partir un peu en vacances et au cas où, je te laisse des ordonnances si besoin.

Merci.

Les journées passent, il se passe des choses dans mon ventre qui sont inhabituelles ! Ça ne va pas. Pas du tout ... Tant et si bien que je me décorpore. Il doit être vers vingt- deux heures et je me regarde du haut du plafond de ma chambre, je vois mon corps malade. Il n'est vraiment pas bien du tout ...

Dans la maison ça bouge de tous les côtés, des lumières très vives, des sons très bruyants, des gens habillés de drôle de manières. Je reconnais, ils n'ont juste qu'une blouse blanche !

Quand on est en décorporation les images sont disons différentes. Ils me font une piqure, ils me mettent un goutte-à-goutte et je suis toujours hors de mon corps, quelle sensation bizarre, le moment où je suis sur un brancard, ils m'attachent et ils me sortent de ma chambre.

Là je reviens dans mon corps, j'hurle de douleur.

Vite, sédation.

Je le sens, je m'en vais, je vais mourir, NON, NON PAS MAINTENANT… J'ai très mal, je tombe dans un coma, dans mon Coma, et je me re regarde, je suis sur une table d'opération, je regarde Partout, je ne comprends Pas … Tout mon ventre est grand ouvert ! Je le vois, je suis impuissant, je ne peux rien dire, rien faire, si ce n'est juste regarder.

Le TEMPS égraine les minutes, les heures, ILS sont toujours là, ils n'arrêtent pas, mon corps est sale, il coule de tous les côtés. Tout continue s'amplifie, des morceaux de mon ventre sont mis dans la poubelle, ils ne peuvent plus servir ! Je suis foutu !

Une voix me parle :

Non tu ne vas pas encore mourir, ils font tout ce qu'ils peuvent pour te GUERIR !

Je reviens dans mon corps, il dort, il ne sent rien, il ne voit rien, il est dans ce coma si profond, je n'en vois pas le fond et pourtant il est bien Là …

Bizarrement mon cerveau rentre en action et il m'envoie ce message :

Tu peux me faire confiance et je t'envoie ce dont tu as besoin du Calme. Laisse-toi porter.

La voix profonde me fait lâcher cette pression, elle devient plus limpide, lumineuse ! Ce simple mot me fait tressaillir, et mon cœur s'emballe !

Tu ne peux pas me laisser travailler ? Fou-moi la paix. Je renforce ton coma.

J'ai quand même peur de cette lumière, elle m'attire de plus en plus !

Laisse- moi faire, ce n'est pas pour maintenant, il me semble te l'avoir déjà dit, pourtant !

Et je suis reparti. Les divers stades comateux m'apprennent tous ces changements dans ma vie, je suis un être humain et ma curiosité me fait faire des sacrés tours, il y a bien des questions qui ne valent pas du tout la peine, la sélection sera facile, et toujours encore lui : « Laisser Porter. »

Dans ma situation, je n'ai pas beaucoup le choix, donc je respire avec cet engin bruyant et il me permet de respirer, c'est une bonne chose.

L'opération dure encore et encore, ils n'en finissent pas, les dialogues entre le chirurgien et l'anesthésiste vont bon train.

Côté anesthésie :

Attention, il bouge, je vais renforcer sa sédation, attendez un peu, juste le temps nécessaire.

OK.

Ils y reviennent, ils jouent avec leurs bistouris, leurs aiguilles, Ils sont tous penchés au-dessus de mon ventre, les gouttes de transpiration coulent à qui mieux mieux,

Epongez-moi. Vous ne me voyez donc pas ?

L'ambiance est lourde, je regarde, je comprends cette anxiété dans mon corps ésotérique, quelle chance de l'avoir comme partenaire !

Et ça continue … J'en ai marre. Et enfin je me laisse aller, je ne suis plus du tout maître de mon corps. Les heures coulent, s'égrènent, dans une course folle,

Je ne réfléchis plus, je me rendors sans la moindre question, je suis et j'écoute mon subconscient, il est mon allié.

Il vient de se passer une chose ; j'entends de très loin un son, un bruit que je ne connaissais pas, elle s'appelle musique. Je reprends une once de réflexion pour ressentir un changement dans toute cette équipe :

Maintenant on ferme.

Cette phase tant attendue et enfin arrivée, sans le savoir j'ai bien compris : « FIN. » Ma pensée est bien loin mais ce n'est que superficiel, la profonde sera pour bien plus tard ! Ils me bougent de tous les côtés, mais avec douceur ! Le son de la musique est plus important, je ne l'entends que partiellement, cela est tranquillisant.

La réa est prête ?

Oui.

Allez, on est parti.

Les roues de mon chariot ou brancard ou lit, je ne sais, glissent sur le sol sans le moindre à coup, L'Aide-Soignant sonne, la porte s'ouvre, nous rentrons tous.

Chacun à sa place, ils savent exactement les gestes à faire, la douceur rapide est réconfortante, en un court temps tout est installé, branché, les nouveaux bips-bips sont opérationnels et me voilà parti pour la suite des phases de Ma Vie.

Pourquoi MOI???

Je vais poser un peu ma narration car je viens de revivre cette situation avec cette puissance propre à qui je suis et je vais faire un tour dans mon jardin, juste pour me ressourcer. A tout à l'heure.

Un bon bol d'air est revenu me réoxygéner !

Je reviens dans mon corps, une bonne petite décorporation me permet de voir le Où je suis, Qui je suis, je regarde tous les chiffres sur cette multitude de lignes, de couleurs et je vais au-dessus des autres ! Il y a du monde. Pour moi c'est beaucoup !

Je reviens vers moi, c'est bien plus important et j'apprends à lire tous ces compteurs, je pense que petit à petit je pourrais mieux comprendre.

Tiens voilà une équipe qui s'approche de mon lit :

Il vient juste d'arriver, il faut faire très attention, il est resté huit heures sur la table d'opération.

Maintenant je sais. Ils me manipulent avec des gestes précis, ils savent ! La coordination est parfaite, une personne écrit tout de qui est fait, le relevé de tous ces chiffres, la toilette est presque terminée, ça me rappelle mon métier, je le fais déjà depuis quelques années, je suis Aide-Soignant.

Tout prend la place de la confiance et du respect du corps.

Une fois tout fait, ils font un geste qui pourrait dire Aurevoir !

Et me revoilà seul dans ce corps malade, reposant, sans rien pouvoir dire avec ma bouche, il n'y a que ma conscience interne qui peut parler, sauf que personne ne peut m'entendre, c'est comme cela.

Il me vient une idée : Faire une promenade dans mon corps, j'ai le temps je le prends.

Commencer par le début, c'est une chose que j'aime bien faire.

Voyons un peu ce qu'ils m'ont fait dans mon ventre ?

Ouhaa, tout a bougé, je regarde avec le plus de précisions et je constate, ils ont coupé (ce que j'ai vu mettre à la poubelle !) puis ils ont rattaché, puis ils ont tout remis en place. Il me fait Mal.

Le bip- bip sonne avec insistance, deux personnes arrivent, regardent, voient et en conclusion Sédation.

Ouf, cela fait du bien, à ma manière je leur dis Merci.

Le sans mot dire n'est pas confortable mais pas du tout. Je continue mon voyage dans tous mes organes, cet espace me permet de mieux comprendre de mieux voir, c'est presque indispensable dans mon métier, tiens mon cerveau veut me répondre ?

Ce que tu fais est correct, je vais enregistrer tout ce que tu as vu, je pense que tu sauras bien plus tard t'en servir !

Merci. Une fois mon grand tour dans mon corps biologique fait, je vais me reposer maintenant (c'est presque de l'humour !)

Temps Bruits Odeurs Présences Lumières Réanimation … C'est mon ordinaire de tous les jours … L'important c'est que JE SUIS LA.

Attention Accélération Il se passe quelque chose Toutes les Alarmes Hurlent ... Toute l'équipe est Là ça bouge de tous les côtés, les ordres et gestes pleuvent de tous les côtés.

Mais que se passe-t-il ? Je suis en train de partir.

Mon cerveau me répond :

Non c'est juste une grosse alerte, tu me fais toujours confiance ou pas ?

Regarde ce qu'il se passe.

Ce n'est qu'une alerte. Laisse faire les choses et tu verras, tout ira bien.

Dans le jargon médical : électrocardiogramme PLAT. Ce qui veut dire Mort clinique.

Réanimation dans le PLUS PLUS Continuez ENCORE Il faut le sortir de là ENCORE. CONTINUEZ OUI ENCORE...

Tous les yeux sont sur mon corps, en parallèle avec les moniteurs et...

La ligne plate bouge, elle forme une COURBURE, certes petite, Mais ELLE EST LA.

IL EST SAUVE.

Ce laps de temps a marqué un grand nombre de données. Je revis toutes ces images dans un pur bonheur, je suis parti dans l'autre monde celui de la liberté du voyage intemporel, de toutes ces âmes formant une densité extraordinaire, j'en connais déjà un bon nombre car je suis encore dans ma vingt-deuxième vie et du genre : « tu te souviens ? » ou encore : « tu en es où ? » Je suis encore dans le coma, c'est pour ça que je suis venu !

Il y en a encore pour longtemps ?

Vous savez bien que le temps c'est uniquement sur la terre. Vous en avez à revendre de ce foutu temps,

Et je leur renvoie mes messages, c'est un peu comme si je voyais leurs sourires,

Il y a encore un travail énorme à faire ! Il faut que je redescende, le travail m'appelle !

Dimensions, pas besoin, travail +++, je ressens dans cette phase de l'inconscient un poids, une charge, dans l'absence de la compréhension, je sens mon corps demander de l'aide, me Libérer de cette attache.

 Un état me gêne un peu, de tous ceux qui ont partagé ma vie, dans ce voyage je n'ai vu Personne, je ne m'attendais pas du tout à cela. Dans ma raison je reçois une information de mon cerveau :

Ce n'étais pas du tout le moment. Il faut vraiment les préparer ! Ils sont toujours dans leur susceptibilité, tu ne t'en souviens pas ?

Je pensais que cet état était uniquement pour les terriens.

Maintenant tu as ta réponse, allez repose-toi encore un peu, car après tu vas reprendre tout ton corps, il a changé tu le verras tout de suite ! La bonne nouvelle est que ton Papa sera là pour t'y aider…

Je me remets entre les corps subtils, ceux qui ne me laisseront jamais tomber, ceux qui sont à mon écoute, ceux qui sont mes compagnons de vie et comme si je fermais mes yeux je replonge dans cette mer du coma.

Encore une autre fois, encore ce détachement, je commence à apprendre une autre manière d'utiliser mon corps. Ce sont pourtant des mots simples, avec toute leur importance !

Je ressens les soignants toujours à mes côtés, leur présence est rassurante, dans leurs gestes précis et non-invasifs ils font du Bien. Et j'arrive à me calmer !

J'ai entendu une phrase :

Il revient de loin. Il doit avoir un sacré moteur dans son corps. D'autres personnes ne seraient pas revenues. Il faut vraiment s'en occuper.

Ce qu'ils ne savent pas c'est que j'ai tout entendu, compris et surtout il ne faut pas faire La Différence entre les autres. Nous Sommes Tous Uniques.

Mon état avance, ça bouge dans ma tête, je ressens mon corps reprendre vie, le cerveau ne s'est pas encore une fois trompé, il est quand même bien fort : « MERCI. »

Le début de cette phase est simple (La chaleur) court dans tout mon corps, elle est partout, dans les moindres interstices, les plus éloignés, les profonds, mon état, mon retour, ma délivrance, etc, frappent tous à la Porte de Mon Corps.

Cerveau :

Accroche-toi bien, c'est pour maintenant. Je suis avec TOI.

Premier signe (pas le moindre) : J'OUVRE MES YEUX.

Décontenance totale, je vois que ce que j'ai vu en décorporation est complètement différent.

Interrogation complète totale, le flou est différent, comme si je voulais me frotter les yeux, ce n'est pas possible avec tous ces fils sur mes bras, poitrine, tête et encore tous les autres...

Deuxième signe : J'ENTENDS. Ce n'est pas tout à fait pareil, avec l'impression que le son vient d'un peu partout, il n'est pas précis.

Monsieur Amalric vous m'entendez ? Je suis Charles, votre médecin.

Je ne peux pas encore répondre et je lui donne un signe de ma tête du bas vers le haut en signe de OUI.

Ecoutez- moi bien, vous avez eu une grosse opération chirurgicale sur votre ventre, vous êtes resté sur la table d'opération pendant huit heures.

... Temps mort ...

Vous êtes dans le service de Réanimation depuis trois semaines, où nous nous occupons de vous. Maintenant vous sortez de ce passage. Nous continuons notre travail pour vous restaurer entièrement. Il va falloir encore du temps. Au fur et à mesure de vos modifications nous retirerons tous ces fils.

Nous sommes très contents de vous revoir et bon courage pour vous.

Troisième signe : PARLER, non faire sortir des sons de ma bouche, la différence est totale, je ne reconnais pas ma voix, (intubations !) avec la sensation d'une voix qui sort (gutturale) des cavernes, (cordes vocales touchées !) Pas du tout évident.

Vous verrez cela reviendra complètement.

En prenant conscience de mon état, je reste dubitatif, je fais le film retour dans ma tête. Tout était normal, ma vie, mon travail, ma famille, et début d'une grande glissade. Vertigineuse, pas le moindre ralentisseur je m'engouffre dans cet inconnu, maintenant je suis privé de mes trois corps, le réel, l'irréel, la vie dans les âmes, le magnétisme, la solution de pouvoir intervenir directement sur mon corps physique, biologique et psychologique…

Cerveau tu es là ?

Tu sais très bien que je ne te quitte pas !

Je me sens en prison dans mon moi. Que puis-je faire ?

Encore et toujours la même tournure de phrase, laisse faire les choses comme elles doivent se faire.

Mais ….

Laisse. Pense à demain. Tu te retrouveras. Maintenant laisse- moi travailler.

Silence radio. Je me replonge, je ne pense plus, je suis attaché de toute part et celui qui me ne me plaît pas c'est ce tuyau qui sort de mon nez, en forme d'aspirateur, il n'arrête jamais, ce truc Noir qui continue encore toutes les secondes, les minutes les jours et les nuits … Il est encore présent.

Je n'écoute plus sa musique, je l'occulte, et si ils pouvaient me mettre une oreillette avec un bonne musique là je serais bien mieux !

Comment me faire comprendre ? Je tente une note ou deux de musique, les sons sont désastreux, c'est à cette écoute que la fille qui s'occupe de moi entend ces notes de musiques et :

Vous aimeriez écouter de la musique ?

Mon signe de tête fait comprendre un immense OUI. Le message est très bien passé. Et je la vois revenir avec le matériel !

Une fois branché, le volume légèrement monté. Un Sourire.

Cela vous plaît ?

Mon sourire avec ma tête !

J'en ferme les yeux, je me laisse porter dans ce monde imaginaire et réel, L'autre dimension est là. Je ne me pose plus de questions, j'ai les réponses !

Ma presque momie VIT.

Mes progrès sont infimes en se bousculant sur cette porte de liberté. Depuis que j'ai la musique mon ouïe s'améliore, plutôt agréable, le reste se fait tirer les oreilles, attendre encore et toujours.

Ne te plaint pas, regarde ce que tu as et non ce que tu voudrais.

Je réponds d'un signe de tête. Je prends en considération l'utilité des mains, bougez mes amies, sentez les tissus de vos draps, appuyez un peu vers le bas, continuez, doucement gentiment voilà comme ça c'est bien !

J'ai enfin trouvé un exercice agréable, il me réconforte je reprends possession de mon corps ! Petit à petit j'avance.

Visite du Médecin. Il regarde mes constantes, avec bien de la profondeur, découvre mon thorax, promène sont stéthoscope point par point et enfin il ouvre sa bouche :

Tu fais des progrès. Continue. Comment te sens-tu ?

Le parler est encore très lointain et je lui montre le tuyau noir qui sort de mon nez, en faisant une grosse grimace !

Tant que le liquide noir sort il n'est pas question de le retirer, quand il sera plus clair là je prendrai la décision, en attendant je suis très content que tu écoutes de la bonne musique. A plus tard, je suis content de toi.

Un saut de puce immense, maintenant j'ai droit à avoir de la visite.

Ils sont déguisés comme si c'était un carnaval, tout de bleu vêtus. Je ne comprends pas très bien ce qu'ils disent mais je les vois. Les visites sont rapides uniquement quelques minutes mais c'est bien agréable, il ne faut toujours pas se plaindre (mon cerveau dit oui !)

Les jours, les mois, passent toujours immuables en applaudissant les progrès acquis !

Je commence à pouvoir PARLER certes ce n'est pas ma voix habituelle mais je peux le faire.

Deux jours après on me retire ce foutu tuyau qui n'étant plus noir, je n'ai pas l'envie de lui dire aurevoir !

Les fils sautent les uns après les autres, je peux bouger déjà plus facilement, comme si l'avenir de retrouver ma liberté montrait la bonne porte.

Mon ventre me fait encore mal, mais j'assume, je peux me redresser seul dans mon lit, j'ai une télécommande électrique qui me permet de faire des changements de positions, je pointe vers une autonomie de plus en plus proche, ça c'est bien, les perfusions sont omniprésentes, la sonde pipi aussi, sa poche est vidée autant de fois que nécessaire, le train-train quotidien.

Un jour je pense que ce sera le bon jour :

Richard tout rentre dans l'ordre, il vous faudra encore un peu avoir beaucoup de patience mais maintenant je vous sors de mon service pour aller dans le service de soins pour la continuité. Vous êtes content ?

Oui et encore un grand merci de m'avoir sorti du moment où j'aurais pu sortir du monde des vivants. MERCI.

Ce temps présent n'est qu'un virage dans mon chemin.

Une fois sorti sur mes deux pieds ma silhouette un peu modifiée qu'à cela ne tienne, je vais puiser dans mes ressources, sans trop de difficulté !

La chose qui me tient vraiment à cœur, c'est l'autre dimension, fleureter avec toutes ces âmes, tous ces messages et la vision de l'être humain vue sous un angle différent. Intégrer, voir l'immense travail de l'au-delà dans une dimension humaine me laisse dubitatif de notre rôle, éduquer, communiquer sera le plus délicat car entre les verbes ECOUTER et ENTENDRE c'est une dimension énorme.

Pourtant ceux qui sont capables de prendre cet enseignement, le monde parallèle se rapproche du médical, voyez ce qu'ils ont réussi sur moi ?

Expérience qui m'a enrichi au plus haut degré, mes capteurs ont été présents dans toutes les dimensions, avec un enregistrement dans mon cervelet. Je vais faire tout mon possible pour en semer les quelques graines du savoir !

Il est évident de faire le bon choix, ne pas semer dans le mauvais endroit et bien l'entretenir.

Pour une deuxième expérience de NDN le renforcement des quelques mots écrits en amont montre le déroulement.

La connexion prise avec l'ETHER est sur la bonne longueur, continuer à construire, façonner, évoluer.

C'est un travail immense des âmes sur notre conditionnement intellectuel psychologique et physiologique, les pourquoi tombent, les solutions arrivent comme des chevaux emballés à grande vitesse, attention à ne pas confondre vitesse et précipitation.

Ce temps me permet sa correction, c'est comme ça qu'il faut travailler.

Si vous saviez le plaisir que je partage avec vous de quelques-uns de ces mots, ils suivent les flots des rivières, fleuves pour se jeter avec une force immense, métaphore sur nous les humains.

Je vais reprendre mon souffle, pour encore repartir vers une autre phase.

Phase 3

L'herbe a bien poussé, les arbres sont florissants, les odeurs sont puissantes, apparemment tout va bien, les dénouements sont à l'affut de nouvelles expériences, l'industrie n'arrête pas de créer, d'agrandir ce tout et moi je suis au milieu de ce monde.

Il me bouleverse, son amplitude est asphyxiante, elle prive des odeurs d'antan et comment trouver sa place ?

J'ai trouvé ma solution, me créer une bulle de protection, plus aucune attaque ne pourra rentrer dans mon espace, se sentir en sécurité est une véritable jouissance, pouvoir être en liberté dans ce monde de fou ... Place gagnée !

Pas à pas je me véhicule, mes capteurs sont branchés au maximum, ma sonde intérieure est prête, j'allume sa lumière elle a

Marqué le départ

Tout commence par un début, je descends sur la place, du mouvement, des gestes, du bruit, des gens, quelques rires sont parsemés de ci de là, l'ambiance est bizarre, comme si les gens se regardaient avec un soupçon de jalousie ou d'intérêt, en donnant un effet d'essuie- glace, comme si je voyais et je ne voyais plus permet d'alléger ce sentiment !

Chacun vaque à ses préoccupations, rien à dire et encore moins à voir.

Une table, quatre personnes sont là, à parler pour ne rien dire, mais elles sont là !

Je me joins à eux :

Commet ça va ?

On fait aller, il n'y a pas beaucoup de monde, pourvu qu'il ne pleuve pas, le vent commence à se lever, etc. ...

Vous n'avez rien d'autre à raconter, que de parler de la pluie et du beau temps ?

De quoi vous voulez qu'on parle ?

Je ne sais pas moi, par exemple de votre vie, de votre famille, de vos sports, de vos envies, sortez un peu de votre carcan des petits !

Silence ...

Mon ressenti : devant toute cette négation, mes deux pieds bien ancrés sur ce bitume encore en bon état cela me fait sentir une nouvelle forme, force, puissance que je qualifie de négative, je sens sa montée, elle pousse les éléments, saute les obstacles, franchit les barrières je la compare à un volcan voulant cracher sa lave, sa puissance destructrice, il faut absolument que je sorte, que je fasse mon travail.

Les cinq autour de la table ne montrent aucun signe d'inquiétude, de questionnement, ils sont tout simplement Là.

Comme si j'étais un paratonnerre JE PRENDS TOUT TOUT TOUT TOUT.

Cette force tellurique fonce tête baissée dans mes deux pieds, mes deux jambes.

Je ne suis plus le moi d'avant, je suis en train de changer, mais que se passe-t-il ?

Les battements de mon cœur s'emballent certes gentiment mais ils continuent, crescendo et ça monte.

Je me lève, je sors de cette table métallique et je marche de manière difficile avec un équilibre instable, je rejoins ma femme, je m'assoie sur une chaise pliable, nous commençons à manger l'assiette pique-nique

Comment vas-tu ?

Je me sens un peu fatigué, mais ça va aller.

Je te sens tout chose, que se passe-t-il ?

C'est comme un truc bizarre, je ne connaissais pas ! Mais ça ira.

Nous grignotons plus que nous mangeons, sans mots dire, et ;

Je n'ai plus faim, j'ai envie de DORMIR …

Début : Je ne suis pas bien du tout. Je ne suis plus du tout pareil. De bronzé je passe à la couleur blanche pour, à grande vitesse, tomber dans le GRIS.

Je me décorpore

Je me regarde

Je comprends

Je me pose ma question ? POURQUOI ?

Je regarde ma chérie, je ne veux pas lui faire de mal, je suis bien là et je ne reviens pas dans mon corps pour l'embrasser, la caresser, lui dire que je l'aime, que « je suis là, je te vois ».

De voir mon corps dans cet état me désole, que se passe-t-il ?

Je ne cherche plus à comprendre, à savoir, ce n'est qu'un passage, qu'une transition, qu'un élément, je vais bien trouver la solution.

Tout bouge autour de notre table, l'affolement, le geste précis à faire, on m'allonge sur deux chaises, c'est déjà bien, on me met à l'ombre du soleil qui commence à taper fort, une fille appelle les pompiers, il faut rester près de lui, il faut parler, il ne faut pas qu'il s'endorme, il fait le stimuler.

Et moi je suis au-dessus, je vois, j'entends, je comprends tout.

Les pompiers arrivent, le médecin s'approche de moi, jette un œil pour essayer de faire un diagnostic, il ne peut :

Vous pouvez me dire quel est votre nom ?

Oui, Richard Amalric.

Donc vous m'entendez ?

Oui et je vous vois.

Vos yeux sont fermés.

Bien sûr, je ne suis pas dans MON CORPS.

Silence

Vous n'êtes pas dans votre corps ???

C'est exactement ce que je viens de vous dire !

Je vais vous prendre votre tension artérielle.

Attention il y a un trou dans votre appareil !

Il le met quand même et effectivement il ne fonctionne pas. Il me regarde et ne comprend toujours pas.

Pourquoi vous m'avez dit que le brassard avait un trou ?

C'est simple cela se voyait !

Mais qui êtes-vous ?

Je suis toujours Richard Amalric.

Tout à coup il regarde ma femme et :

Vous êtes son épouse ?

Bien sûr.

Il est souvent comme cela ?

Ça lui arrive.

Il le médecin en perd son latin, il a prévenu l'hôpital le plus proche et annonce une arrivée urgente, nous sommes à environ trente kilomètres.

Et voilà je suis dans le camion, je suis toujours à côté de mon corps et celui qui est à mes côtés a une consigne très importante :

Essayez de ne pas vous endormir !

Télépathiquement je lui réponds que le verbe essayer ne veut pas dire le Faire, mais il ne comprend pas, ne vois rien !

Mon brancard bouge dans tous les sens, position inconfortable, Ces trente kilomètres sont un calvaire pour moi, au final de cette course poursuite

Je lui dis qu'il faudra changer les amortisseurs du camion.

Je vois son visage interrogatif et il me dit

Mais vous parlez ?

Et Oui !

Arrivée devant la porte des Urgences, les portes s'ouvrent, je suis accueilli.

Faites vite, il est tout Gris, allez vite, mettez-le dans le box spécial Réa.

Mais je n'en ai pas besoin.

Mais il Parle !

Oui et je vous vois.

Le Médecin arrive, lit le compte rendu des pompiers, il parait surpris, voire interrogatif :

Bonjour Monsieur, quel est votre nom ?

Richard Amalric.

Je vois son regard, il ne comprend pas.

Vous avez mal quelque part ?

Non pas le moins du monde.

Pourquoi ?

Je ne suis pas dans mon corps physique.

Je ne comprends pas.

Je suis simplement en décorporation, ce qui me permet de vous voir, de vous entendre et de pouvoir vous répondre.

Silence …

Nous allons vous faire les examens nécessaires.

Mais Pourquoi, je n'ai rien de cassé, pas la moindre blessure, quels examens vous voulez faire ?

Le checkup.

Je ne réponds plus, je les laisse faire, ils me trimballent dans tous les sens, les clichés pleuvent de tous les côtés, les prises de sang, les résultats reviennent tous Bons ! Personne ne s'est jamais trouvé dans un pareil cas.

Attention …

Une lumière de très forte intensité rentre dans mon cerveau. Elle est Enorme, elle forme comme un tunnel, envahissante, de très loin je vois des formes, elles sont de formes Humaines, tout est flou, de très loin j'entends des voix, elles s'approchent de plus en plus.

Elles arrivent vers moi, je suis dans un état second, leurs sons deviennent de plus en plus audibles voire clairs :

Viens avec nous…. Nous t'attendons …

NON. PAS MAINTENANT. LE TRAVAIL N'EST PAS FINI ...

Viens, de plus en plus faible, il s'éloigne de plus en plus ....

Je reviens dans mon corps, aussitôt je le quitte, Je perds le contrôle, mais que m'arrive-t-il ?

La rencontre avec (les autres) a modifié mon psychique, je ne vois plus les choses de la même manière, il faut que je me ressaisisse rapidement.

Et toujours entre leurs mains, ils me manipulent, je ne leur parle plus, ils me fatiguent et je commence à en avoir vraiment marre.

Dans mon subconscient je revois encore ces images, ces sons, ils me tournent la tête, j'ai l'impression d'hurler :

NON PAS MAINTENANT ...

Les infirmières sont à mes côtés et je les entends dire :

Il parle très fort !

Sans réponse de ma part et je repars dans mes pensées, dans cette distance entre mon Âme et mon corps, je suis comme dans du coton ouaté, c'est plutôt confortable donc je me laisse porter. A un moment je me sens seul dans cette grande pièce, il n'y a donc Personne pour me surveiller ?

Il n'y a donc Personne à côté de moi ?

Et je le répète encore et encore d'une voix bien audible et de plus en plus fort, quand je vois la poignée de la porte de cette pièce bouger, enfin, la porte s'ouvre, une blouse blanche rentre, elle s'approche de moi et je n'ai toujours pas envie de parler. Elle se parle avec elle-même :

Il est agité, de plus en plus, je bip++, venez vite ...

Et c'est reparti tout le tintouin. La série complète, je rigole dans mon intérieur, ils continuent, ils injectent un produit dans mon sang, je ressens une grosse chaleur c'est plutôt agréable et je me laisse faire !

Les pulsations cardiaques commencent à se calmer, je vois bien les chiffres et le bruit des sonneries descendre d'intensité. Je souffle tranquillement.

Il va mieux, il se calme. Ouf. Il faut être à ses côtés en Permanence.

Je fais le constat, dans des états comme celui que je viens de passer le bilan est bien que je sois toujours là. Maintenant ils ne me lâchent plus, à mon avis ils ont eu peur et c'est légitime, ce genre de « client » ne fait pas partie des habitudes !

Le grand patron est perplexe je le vois plongé dans ses pensées, pour approcher d'une réponse qui ne vient pas encore dans son cerveau, il n'arrête pas de venir, revenir, auscultation, insistance et pas de réponse !

Moi dans ma position qui n'est pas non plus très confortable, mais je suis conscient. Depuis le moment où je suis « parti » je trouve une ouverture disons originale car ce n'est pas la première fois que cela m'arrive !

Je mets tout mon corps en phase repos et je sens que, encore une fois il se passe quelque chose ...

Une intrusion, d'où vient-elle ? Et je suis couvert cette fois- ci par une immense lumière qui me recouvre de la tête aux pieds.

Je sens mon corps bouger dans tous les sens, il tremble, se calme, tremble, se calme avec une force invisible qui le prend le secoue le calme, sans que je ne puisse rien faire ... Je ne suis que le témoin et c'est reparti avec cet énorme tunnel, il gronde comme une mer déchaînée, il résonne comme un milliard de tambousr qui finalement réduisent le son, plus mélodieux doux et ...

Ils arrivent plus sereins, comme si un sourire habillait leur visage, je les vois plus clairement, distinctement, ils approchent, ils sont tout près et entament tous en cœur :

Viens avec nous, tu as fait un bon travail sur la terre. Nous sommes fiers. VIENS.

En parlant vraiment très fort plus que je ne l'aurais pensé :

NON PAS AUJOURD'HUI. LA VEILLE DE NOTRE ANNIVERSAIRE DE MARIAGE...NON.NON.NON.

Silence, je les vois qui se resserrent entre eux une sorte de conciliabule et :

A la prochaine.

Toute l'équipe est revenue sur les sentiers de guerre les machines se sont toutes mises en concert, ils m'injectent encore des produits dans mes veines qui me brûlent. Je résiste comme je peux et finalement je m'abandonne.

Pourquoi ils m'ont dit : « A la prochaine ? » Ce ne sera pas encore fini ces appels pour repartir en haut ? J'ai encore une multitude de travail à faire sur terre, entre mes livres et mes soins et l'éducation de tout ce monde, les résolutions des problèmes, non il me faut encore du TEMPS.

Je préfère encore rester hors de mon corps, j'ai l'impression de mieux gérer ma solution et surtout mon problème. En admettant que ce soit la première fois, certes la différence prend une place, mais maintenant c'est tout autre.

Il ne faut absolument pas que je parte. Ma décision est prise, je reviens dans mon corps.

J'entends tout ce petit monde énumérer ce qu'ils sentent, voire comprennent et le brouillard envahit leur cerveau ? Serait-ce la première fois qu'ils se trouvent devant ce cas ?

Ma réponse est affirmative.

Cette force tellurique a eu le dessus pour me trouver dans cet état. Surtout la veille de notre anniversaire de mariage, c'est bien ça qui me raccroche à La Vie, il faut que je revienne. Ne pas lâcher est mon devoir et désir.

Les écrans commencent à venir dans le calme, je respire tranquillement, je m'assoupis et me laisse porter.

La conscience, le devenir, le tout frappe à ma porte et dans l'équipe il y a Une personne qui me parle ... Nous sommes tous deux dans le même registre nous nous entendons et surtout comprenons.

Pourquoi vous en êtes là ?

Je me suis fait aspirer par cette force négative et pourtant je savais que cela pouvait arriver.

Calmez-vous je suis là pour vous accompagner.

Mais je suis calme quand je me décorpore, je suis bien.

En quoi puis-je vous aider ?

A me retirer de ce couloir de lumière, il me fatigue !

Ils ne sont pas méchants, ils veulent juste communiquer...

Mais qui êtes-vous ?

Enfin une bonne question ! Je suis votre guide protecteur.

Matériel ou cytoplasmique ?

Si j'étais matériel vous me verriez ! En simple je suis votre subconscient. C'est bien lui qui vous dirige, conseille et cela depuis votre conception, il est vrai que les humains ne se posent pas ce genre de question, mais vous ce n'est pas le cas. Laissez-vous porter et vous verrez que tout ira pour le mieux dans le meilleur des mondes. Le VOTRE.

En revenant dans mon moi je prends une douce chaleur, un grand calme et mes yeux étant encore fermés c'est un bon plan. Le simple fait de les ouvrir est d'une douleur incommensurable, j'ai encore bien le temps.

Tout ronronne autour de mon lit, les sons des cloches je m'y suis habitué et à la moindre variante je sais ce qui se passe, j'en profite pour étudier mon corps et trouve assez rapidement la solution.

Le personnel médical en est surpris, il commence à mieux me comprendre, il doit s'occuper de lui, il est quand même surprenant, finalement nous l'aimons bien.

C'est à ce moment précis que tout bascule.

Il tremble de tout son corps. Vite La Réa. Vite le toubib.

Et tout recommence, je suis comme aveuglé, cette force lumineuse rentre par tous les pores de ma peau, elle est chaude, très chaude, je me bats contre ELLE. Je suis dedans, je me bats, je ne me sens pas bien, j'ai envie d'hurler mais personne ne m'entend, je suis coincé et ils me refoutent leur liquide chaud et envahissant, mon corps tombe dans un ravin de solitude, je ne peux plus rien !

Sortez -moi de là -dedans, vite je ne tiens plus.

Comme s'ils avaient compris, une immensité de calme, la Lumière du couloir tombe d'intensité, un doux zéphir me caresse et le clou du spectacle toutes les personnes, plutôt ectoplasmiques me montrent les sourires, presque zénitude.

J'entends :

Vieeeenns tuuuuu verraaaaas commeeee c'esttttt biennnn, viennnnnns Richaaaaaaaaard, vieeeeeens.

Non, il me reste du travail, beaucoup de travail, encore du travail……. Je vous dirai quand je serais prêt. Repartez maintenant que je vous ais vus …

Je suis revenu dans mon corps et encore je me sens seul perdu, je tente une communication, rien ne passe, cela doit être une mauvaise lune !

Ils me reprennent en main, les touchers modifiés par leurs gants en latex ne sont pas si agréables ni le contraire, je m'y suis habitué, alors que juste cette peau nue peut rentrer en contact profond.

Ne t'en fais pas cela va bientôt s'arranger…

Mon cerveau enregistre cette information, heureusement qu'il est là ! Je voudrais reprendre les commandes de mon corps.

Attends encore ce n'est pas le moment. Je te donne encore cinq minutes de patience.

Je me laisse glisser, finalement il a certainement raison, et pourtant quand Richard Veut ... Il n'est pas prêt, mes yeux toujours fermés me reposent, mes sens aussi.

Qui suis-je ? Où je vais ? Pourquoi moi ?

Je commence à revenir sur et dans Ma Vie.

La dose de patience a été suffisante, je pense revenir enfin. Je suis toujours dans la même dynamique, je vais reprendre un peu d'oxygène il n'est pas trop loin je vais mettre une de mes musiques préférées Jean-Michel Jarre Oxygène ... Vous l'entendez mes chers lecteurs ? Comme vous je me laisse porter et je me tranquillise douce est cette musique le souffle de cette voix me transporte, mais un peu trop loin beaucoup trop loin et attention l'excès peut tuer, il faut rétrograder, quatrième, troisième, seconde, il est trop tard.

Et LUMIERE aspirateur d'énergie, envol vers l'après, ils sont tous Là.

Puisque je vous dis que ce n'est pas le moment, vous êtes sourds ou quoi ?

Nous avons besoin de toi. N'oublie pas que tu es notre guide !

Laissez-moi finir, je serai toujours avec vous, mais je vous en supplie laissez-moi FINIR.

Le jour où tu reviendras sera le bon.

Et me revoilà dans la forme humanoïde, toute l'équipe médicale est bien présente, ils enregistrent tout, surveillent, écrivent, calculent, il doit faire bien chaud dans cette pièce, ou chambre, où ? Importe peu.

Une personne me manque, je ne la vois pas je sais quelle n'est pas loin, est-ce un mur ? Une cloison qui nous sépare ? J'aimerais bien tout casser pour La Revoir.

Le Médecin Chef

Monsieur Amalric je vous en supplie, ouvrez vos yeux.

Je ne peux, c'est trop douloureux.

J'insiste.

Ne vous en faites pas, docteur je ne suis pas en mydriase bilatérale.

Pourquoi vous me dites cela ?

Mais pour vous dire que je ne suis pas Mort.

Allez Monsieur je vous le redemande maintenant, votre épouse est là à côté de vous, s'il vous plait OUVREZ VOS YEUX.

Ce n'est pas si facile, mais comme j'ai vraiment envie de revenir avec Notre Vie, je vais faire le maximum.

Je vais chercher dans les endroits de mon cerveau le plus profond possible et lui me guide, de l'air de dire

Vas-y encore un peu plus, allez, tu y es presque, pousse encore un peu plus, tu vas pouvoir le faire …

Ce temps, il va enfin pouvoir m'aider.

Et je me remets dans mon corps.

Oh que ça fait du bien de me retrouver et mes yeux grands ouverts !!!

Le simple fait de regarder les yeux ébahis du médecin, qui donnent l'impression du jamais vu, le questionnement :

C'est souvent que cela vous arrive ?

Oui docteur, ce n'est pas la première fois et c'est comme ça depuis très longtemps.

Vous nous avez fait peur, vous étiez mourant, nous nous sommes donné un mal fou pour vous réveiller et maintenant vous me parlez comme si rien ne s'était passé.

Docteur je vais vous dire une chose importante : «je suis le propre propriétaire de mon corps. »

Silence.

Madame vous êtes son épouse et ... Non je n'ai plus de questions à poser.

Devant ce genre de situation, le dubitatif est roi.

Docteur je vous remercie pour tout ce que vous avez fait c'est un immense remerciement et peut-être que un jour, nous pourrons philosopher sur ce, ces points. En attendant je pense pouvoir quitter votre établissement avec toutes mes possibilités.

Permettez que je vous reprenne votre tension artérielle ?

Volontiers.

Une bonne demi-heure après nous étions dans la voiture, retour à la maison.

Tu sais mon chéri, je n'ai jamais eu peur, j'étais confiante.

Merci et pour te dire que c'est toi qui m'as appelé du plus profond de ton cœur, notre anniversaire de mariage je ne voulais pas le manquer ...

Nous sommes Là.

Le soir, cette nuit, j'avais peur de Fermer mes yeux, je ne voulais pas revenir, je voulais simplement rester vivant avec mon Amour.

L'endormissement s'est fait tirer les oreilles et le simple fait de sentir son corps tout près du mien a eu un effet libératoire.

Ce chapitre a été vécu il n'y a que deux ans, c'était comme hier et depuis nous nous sommes retrouvés avec ce vent de VIE qui nous réchauffe tous les instants, ce n'est que du bonheur partagé.

Si j'ai choisi ce titre : « INEDIT » ce n'est pas le fruit du hasard et de vous avoir promenés dans les rues de ma vie n'est que partage, je tenais à vous faire connaître les passages de la vie à la mort comme je les ai vécues et chaque mot, chaque situation en tapant sur mon clavier m'ont fait revivre tous ces instants avec une certaine fébrilité d'ouverture, de connaissance et surtout de partage...

Si vous voulez me suivre dans la continuité de mon parcours je vous invite pour une promenade sur mon site : richard-amalric.fr